Música para Acordeom

TRIBUTO A LUIZ GONZAGA

Arranjos de
Roberto Bueno

Nº Cat. 304-A

Irmãos Vitale S/A Indústria e Comércio
Rua França Pinto, 42 - Vila Mariana - São Paulo
CEP. 04016-000 - Fone: 11 5081-9499 - Fax: 11 5574-7388

© Copyright 2003 by Irmãos Vitale S.A. Indústria e Comércio.
Todos os direitos autorais reservados para todos os países. All rights reserved.

CIP-BRASIL CATALOGAÇÃO NA FONTE
SINDICATO NACIONAL DOS EDITORES DE LIVROS, RJ

B944m

Bueno, Roberto
Música para acordeom : Luiz Gonzaga
/ arranjos de Roberto Bueno - São Paulo - Irmãos Vitale, 2003
Música:

ISBN: 85-7407-171-4
ISBN: 978-85-7407-171-8

1. Música para acordeom
I. Gonzaga, Luiz, 1912-1989
II. Título.

03-2326   CDD-786.97

29.10.03   30.10.03   004687

CRÉDITOS:

Capa/ editoração:
Willian Kobata

Editoração das partituras/coordenação editorial:
Claudio Hodnik

Revisão de texto:
Maria Helena Guimarães Pereira

Revisão musical:
Roberto Bueno

Podução executiva:
Fernando Vitale

Fotos inseridas nas páginas 18 e 19:
Acervo particular do autor e Associação dos Acordeonistas do Brasil.
Gentilmente cedidas.

ÍNDICE

Prefácio..5
Agradecimento......................................6
Preâmbulo...7
O Autor..8
Teclado para a mão direita...................11
Grafia Universal para Acordeom..........12
Quadro dos Baixos...............................13
Os Acordes Maiores.............................14
Os Acordes Menores............................15
Os Acordes da Sétima Dominante.......16
Os Acordes da Sétima Diminuta..........17
Fotos..18

MÚSICAS:

Baião..21
Asa branca...24
Assum preto...26
A vida do viajante.................................28
Cintura fina...30
Dezessete e setecentos.......................32
Boiadeiro..34
Juazeiro...37
Olha pro céu..40
O xote das meninas.............................43
São João na roça................................46
Qui nem giló..48

Prefácio

Sinto-me honrado e feliz por ter sido indicado pelos amigos Cláudio Hodnik e Luiz Carlos Bispo, da Editora Irmãos Vitale, para a elaboração da série "Música para Acordeon", cuja finalidade é resgatar obras tão preciosas de grandes acordeonistas desse nosso imenso Brasil, com arranjos feitos especialmente para os amantes deste instrumento.

Este primeiro álbum contém algumas das obras do saudoso Luiz Gonzaga, que sem dúvida retrata fielmente a alma do grande músico que foi o Mestre Lua. Hoje sem dúvida alguma está alegrando nossos amigos do plano espiritual.

A variedade das canções aqui contidas trata-se de preciosidades da música brasileira.

Para aqueles que não conhecem o Acordeon em profundidade, achei de muita valia acrescentar o mapa do teclado da mão direita e também o da mão esquerda, mostrando fielmente a localização dos baixos, contrabaixos, acordes maiores, menores, de sétimas da dominante e diminutos. Isso com certeza facilitará aos iniciantes devido a falta de métodos especializados no mercado.

Em todos os arranjos na mão direita escrevi somente a linha melódica. Isso foi feito com o intuito de facilitar ao máximo a grafia tornando-a descomplicada aos iniciantes. Aos acordeonistas já com conhecimentos suficientes aconselho a criarem seus próprios arranjos em cima da melodia.

Quanto à grafia da mão esquerda, segue criteriosamente a Convenção Internacional realizada em Milão, em 24 de Setembro de 1950, e que perdura até hoje e que também é aprovada pela Associação dos Acordeonistas do Brasil. Aproveito aqui para agradecer as fotos cedidas para o presente álbum pelo presidente da entidade, Lauro Valério.

Com este primeiro trabalho espero contribuir para que outros professores venham também a fazer transcrições para o instrumento e sem dúvida alguma sinto muita saudade dos tempos idos, quando havia a concorrência salutar dos arranjos dos meus amigos professores Mário Mascarenhas, A. Franceschini, Pietro Deiro, Pietro Frosini, Charles Magnante etc.

Espero enfim ter dedicado com este modesto trabalho uma pequena parcela ao propósito de contribuir com este nobre instrumento que é o acordeon.

ROBERTO BUENO
Vice-Presidente da Ordem dos Músicos do Brasil
Conselho Regional do Estado de São Paulo

Agradecimento

Aos meus estimados pais que se encontram
no plano maior e que me trilharam no
caminho da música:

Anezio Bueno e Amélia Pietro Bueno

Oferecimento

Ao Dr. Wilson Sandoli, Presidente da Ordem dos Músicos do
Brasil, Conselho Federal e Regional do Estado de São Paulo,
pelo seu esforço incansável em prol da defesa dos direitos dos
músicos brasileiros.

preâmbulo

Segundo alguns historiadores, o povo chinês (que inventou o macarrão, a pólvora, a bússola), inventou também – 3.000 anos a.C. – um instrumento musical chamado "tchneng", uma espécie de órgão de boca tido como precursor do acordeom, que seria inventado no ano de 1829 por Cyrillus Demian, austríaco de Viena que no dia 6 de maio do mesmo ano registrou a patente de um organeto (pequeno órgão) com cinco botões formando cinco acordes, batizando-o com o nome de acordeom.

Em 19 de junho de 1829, sir Charles Wheatstone (em Londres) registra a patente de um instrumento chamado concertina. Esses dois instrumentos fizeram um sucesso imediato. A concertina foi muito difundida entre os marinheiros da Grã-Bretanha e o acordeom encontra milhares de admiradores em todos os países da Europa Central, sendo muito usado em festas populares e folclóricas. No ano de 1836 foi publicado em Viena um dos primeiros métodos para ensino de acordeom. Com visto, o acordeom nasceu muito simples, mas imediatamente teve um extraordinário sucesso em virtude de sua facilidade de uso. Ele consegue a adesão de um crescente número de apreciadores e de pessoas que se empenham em desenvolver e melhorá-lo, ampliando seus parâmetros, dimensionando suas possibilidades.

Conta a história que tudo nasce sempre por acaso. Diz a lenda que certa noite do ano de 1863 um viajante austríaco, voltando do santuário de Nossa Senhora di Loreto, ficou hospedado na casa de Antonio Soprani, um pobre lavrador que vivia em um pequeno sítio próximo à cidade de Castelfidardo, pai de quatro filhos, Settimio, Paolo, Pasquale e Nicola Soprani. O viajante portava um exemplar de um acordeom rudimentar, atraindo rapidamente a curiosidade e o interesse de Paulo Soprani, que tinha na época 19 anos de idade.

Não se sabe como esse instrumento foi parar nas mãos de Paolo. Uns falam que foi dado de presente pelo viajante austríaco em agradecimento pela hospitalidade de Antonio. Outros dizem que teria sido roubado por Paolo. Fato é que Paolo ficou apaixonado pelo instrumento, passou a aperfeiçoá-lo e desenvolveu um novo acordeom. Nasceu então a clássica fisarmônica italiana, que seguiria sendo aperfeiçoada até os dias de hoje, conquistando assim o mundo.

Em 1864, Paolo inicia com seus irmãos Settimo e Pasquale a fabricação dos primeiros acordeons italianos, ainda na casa do sítio. Com o sucesso de vendas crescendo, Paolo constrói em 1872 a primeira grande fábrica no centro da cidade de Castelfidardo. Os primeiros compradores eram ciganos, peregrinos e vendedores ambulantes que visitavam o santuário de Nossa Senhora di Loreto. Cabe ressaltar que paralelamente a Paolo Soprani – em 1876, na cidade de Stradella, província de Pavia – Mariano Dallapè (natural de Trento) inicia uma fabricação artesanal produzindo na época acordeons de altíssima qualidade. Em 1890, ainda em Stradella, é fundada a fábrica Salas pelos sócios Ercole Maga, Dante Barozzi e Guglielmo Bonfoco. Também no mesmo período nasce a fábrica Fratelli Crosio e a Cooperativa Armoniche. No início dos anos 1900 outro pólo produtivo nasce em Vercelli. Todas essas indústrias se desenvolveram e cresceram muito, aperfeiçoaram e exportaram acordeons por todo o mundo. Nesse momento, começa a ser introduzido no Brasil os primeiros exemplares trazidos pela imigração italiana e alemã, parte ficando em São Paulo, e outros em Santa Catarina e Rio Grande do Sul.

O acordeom no Brasil foi muito difundido. Na década de 1950 era comum encontrar dois acordeons na mesma casa. Esse instrumento com várias configurações se adaptou a cultura de todos os povos do globo, tanto na música popular folclórica quanto na erudita. Nos anos 1960, com o advento do movimento da música rock, o acordeom perdeu muito de sua força e muitas fábricas faliram (só no Brasil, nas regiões Sul e Sudeste, existiam cerca de 32 fábricas). Hoje não resta nenhuma. Contudo, ainda são fabricados na Itália acordeons modernos e sofisticados, e com certeza essa cultura não vai perecer, pois hoje esse instrumento está difundido e apreciado em todas as classes sociais, em festas populares e em teatros com orquestras, executando belíssimas peças de concertos por exímios acordeonistas amadores e profissionais. Este é um pequeno resumo da história do acordeom.

o autor

- Prêmio Quality – Troféu Bandeirantes.
- Jurado do 3º Festival Internacional Roland de Acordeon.
- Homenageado em Sessão Solene em 19 de junho de 2009 pela Assembleia Legislativa de São Paulo.
- Diplomado pelo Sinaprem em 2 de maio de 2009.
- Troféu Homenagem Clube Piratininga (SP).
- Certificado da Banda da Polícia Militar do Estado de São Paulo (SP).
- Diplomado pelo Conservatório de Música Alberto Nepomuceno.
- Professor pela American Accordionists' Association de Nova York.
- Professor pela União Brasileira de Acordeonistas Professor A. Franceschini.
- Diplomado pelo Instituto de Música do Canadá.
- Atual presidente da Ordem dos Músicos do Brasil – Conselho Regional do Estado de São Paulo.
- Recebeu diploma de Honra ao Mérito da Escola de I e II Graus Professor João Borges (SP).
- Certificado de alta interpretação pianística realizada na galeria Traço Cultural (SP).
- Comenda pela Ordem Civil e Militar dos Cavaleiros do Templo pelos serviços prestados à comunidade.
- Conselheiro federal da Ordem dos Músicos do Brasil.
- Acordeonista da AACD (Associação de Assistência à Criança Deficiente).
- Troféu Ordem dos Músicos do Brasil em 1988.
- Placa de Prata pela Asociación de Música de España, Madrid.
- Embaixador do Tango no Brasil, com certificado da cidade de San Cristóbal, província de Santa Fé, na República Argentina.
- Certificado de Honra ao Mérito pelo Lions Club de São Paulo (SP).
- Diploma e Medalha de Mérito Profissional em Música pela Abach (Academia Brasileira de Arte, Cultura e História) (SP).
- Diploma e medalha pela Sociedade Brasileira de Heráldica e Humanística (SP).
- Medalha José Bonifácio de Andrada e Silva (o Patriarca).
- Diploma de membro titular e Medalha da República, conferidos pela Abach (Academia Brasileira de Arte, Cultura e História) (SP).
- Certificado da empresa jornalística Metropolitana S.A.
- Membro dos Amigos de Lomas, da Argentina.
- Atual diretor administrativo da Associação dos Acordeonistas do Brasil.
- Diretor do Conservatório Nacional de Cultura Musical.
- Regente do coral da Icab (Igreja Católica Apostólica Brasileira).
- Regente do American Orthodox Catholic Church.
- Regente do Grupo Robert – International Music.
- Leciona melodia, harmonia e bateria para o curso técnico de jurados do Grupo Especial e do Grupo de Acesso da Liga das Escolas de Samba e União de Escolas de Samba de São Paulo.

O acordeom

Teclado para a mão direita

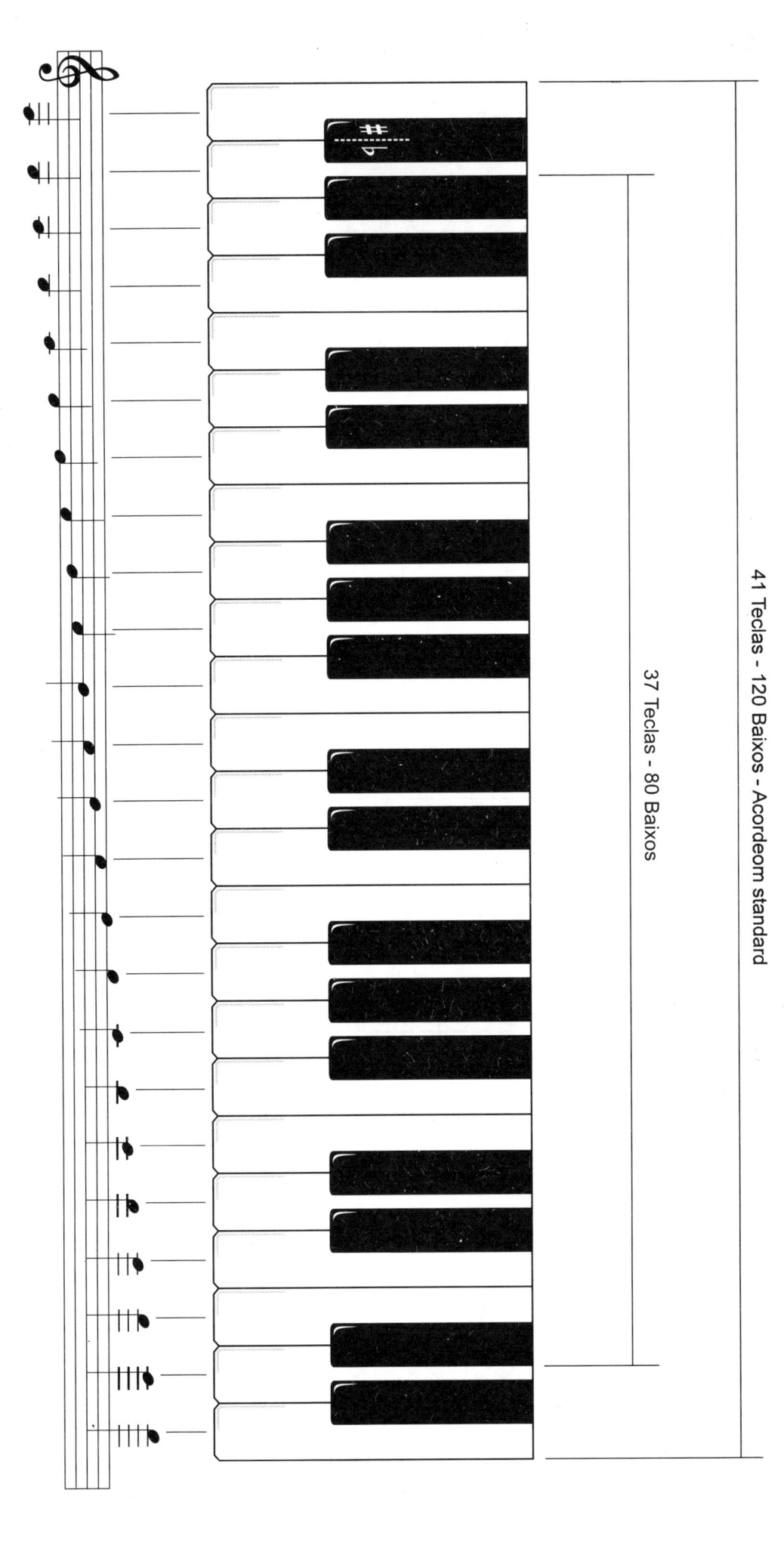

41 Teclas - 120 Baixos - Acordeom standard

37 Teclas - 80 Baixos

Grafia Universal Para Acordeom

Mão esquerda usa a clave de Fá (4ª linha). Mão direita, clave de Sol.
 As notas para os baixos são apresentadas no 2º espaço para baixo, abrangendo a extensão da oitava inferior de Dó grave até Dó médio, assim:

Os acordes para a mão esquerda são indicados por meio de notas únicas (a tônica do acorde), abrangendo a extensão da oitava superior do Ré médio até Ré agudo, assim:

Uma única letra sobreposta à nota indica a espécie de acorde, assim:

        M - acorde Maior;
        m - acorde menor;
        7 - acorde de sétima dominante;
        d - acorde de sétima diminuída.

As passagens de baixos podem ser escritas nas duas oitavas. Podem ser ultrapassadas quando houver a indicação das letras B.S. (*Basso Soli*), assim:

Um tracinho (_) por baixo de uma nota destinada à mão esquerda indica "contrabaixo", o que se coloca de preferência por baixo do número do dedo, assim:

O abrir e o fechar do fole são indicados por setas dispostas desta maneira:

        Abrir o fole   Fechar o fole (volta)

Quadro dos baixos
(Mão esquerda)

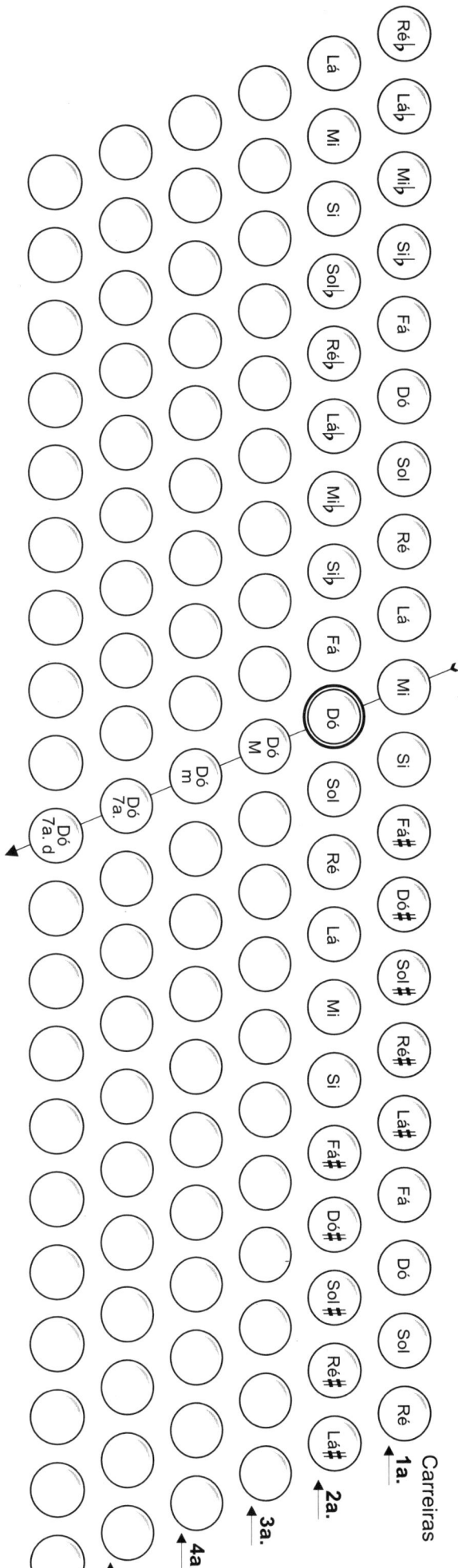

Carreiras: 1a., 2a., 3a., 4a., 5a., 6a.

Linha 1a.: Ré, Sol, Dó, Fá, Sib, Mib, Láb, Réb, Solb, Dób (Si), Fáb (Mi), Lá
Linha 2a.: Lá♯♯, Ré♯♯, Sol♯♯, Dó♯♯, Fá♯♯, Si, Mi, Lá, Ré, Sol, Dó, Fá, Sib, Mib, Láb

Notas centrais: Dó, Dó M, Dó m, Dó 7a., Dó 7a. d

Acordeom de 96 baixos

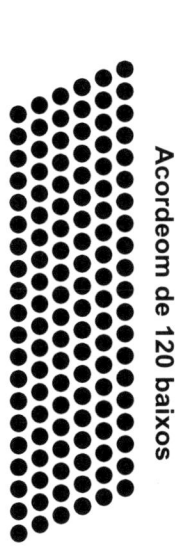

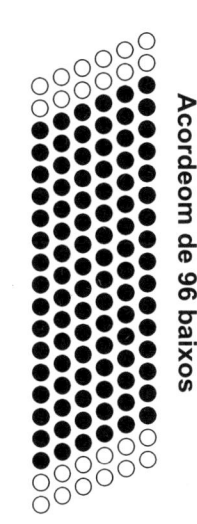

Acordeom de 80 baixos

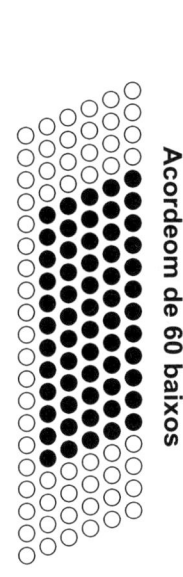

Acordeom de 120 baixos

Acordeom de 60 baixos

Acordeom de 48 baixos

Os Acordes Maiores

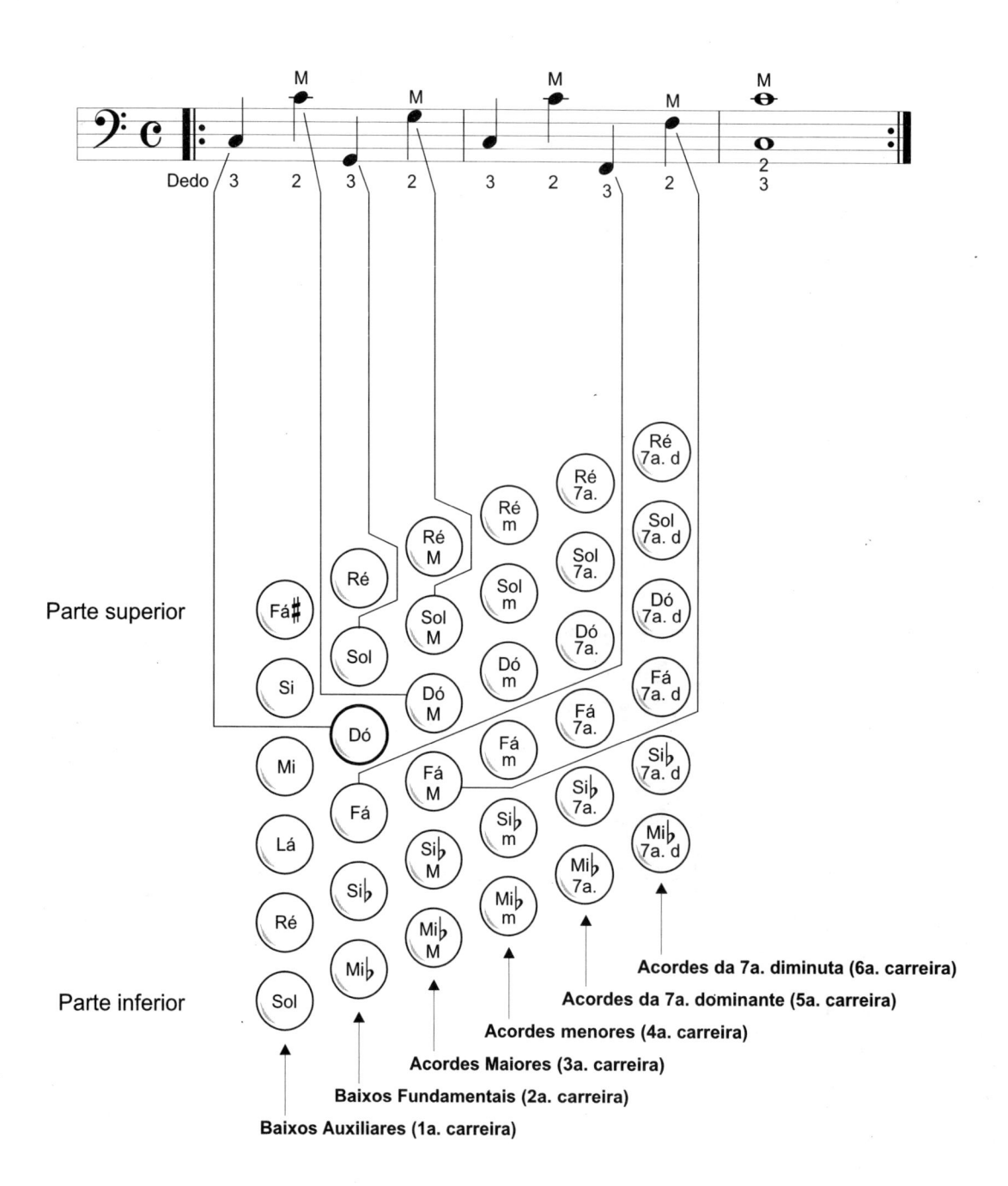

Parte superior

Parte inferior

Acordes da 7a. diminuta (6a. carreira)
Acordes da 7a. dominante (5a. carreira)
Acordes menores (4a. carreira)
Acordes Maiores (3a. carreira)
Baixos Fundamentais (2a. carreira)
Baixos Auxiliares (1a. carreira)

Os Acordes menores

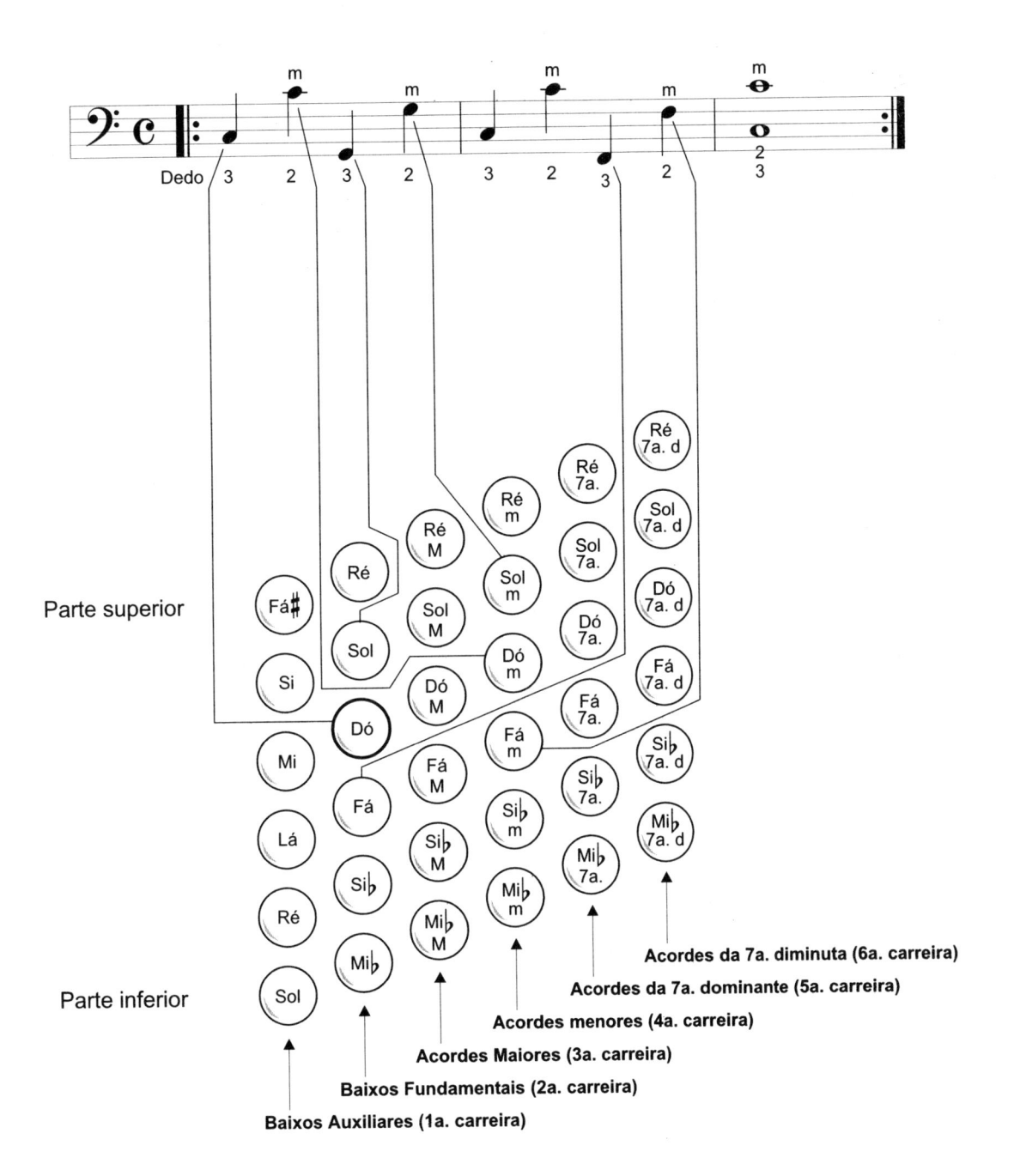

Os Acordes da Sétima dominante

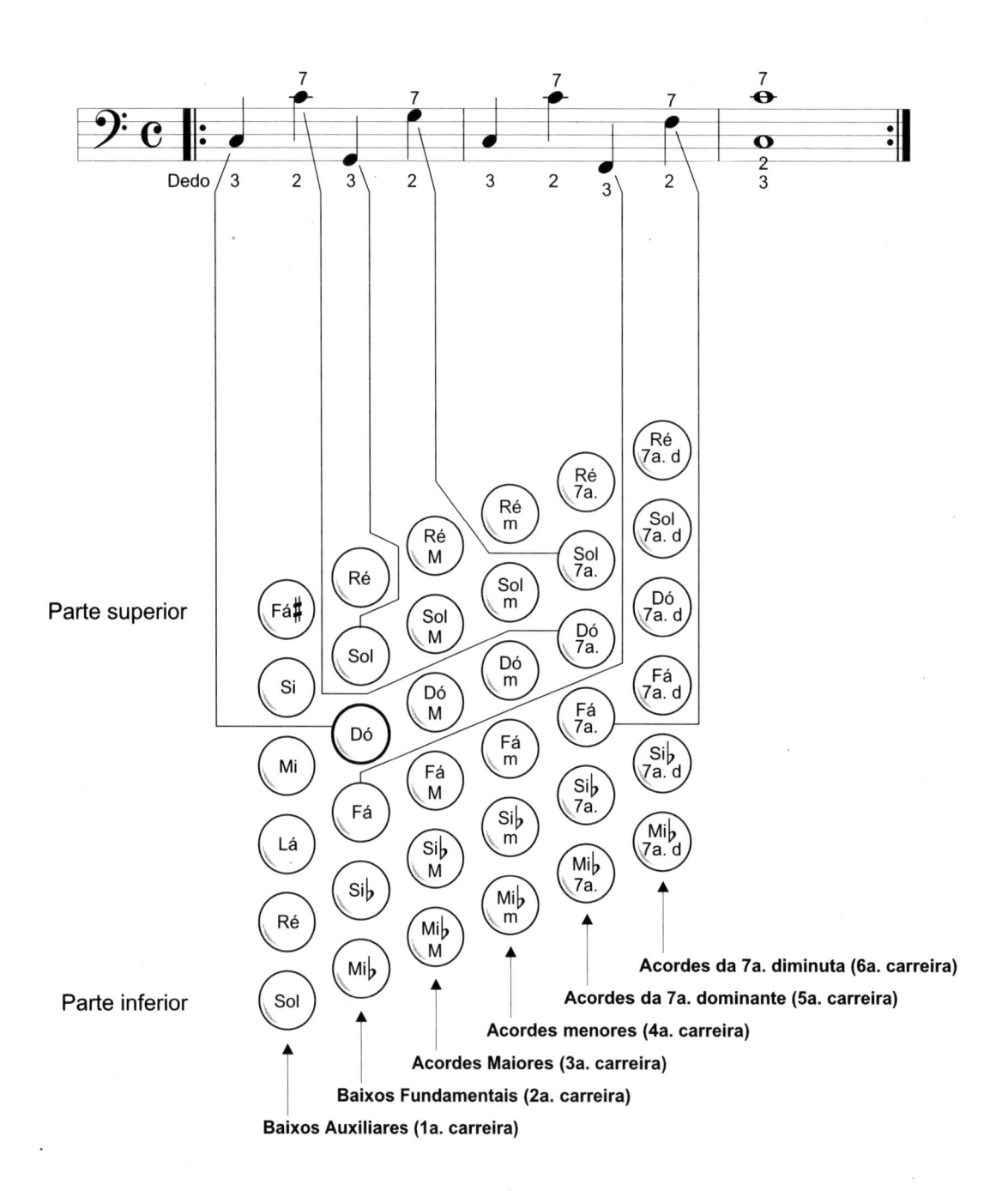

Os Acordes da Sétima diminuta

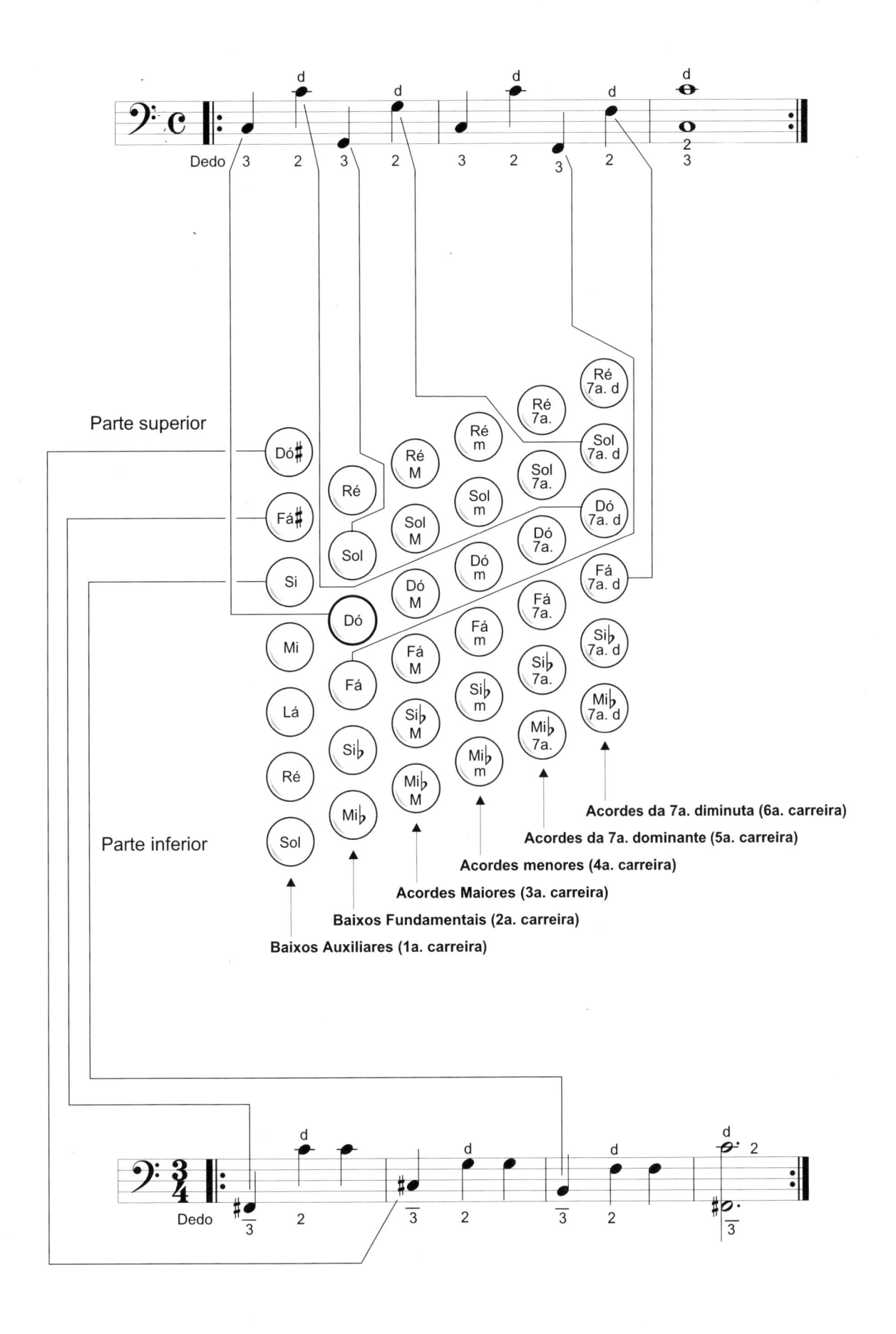

Lauro Valério, Roberto Bueno e Robertinho do Acordeon durante encontro realizado em São Paulo. Show de Robertinho e seu regional.

Lauro Valério, presidente da Associação dos Acordeonistas do Brasil, Roberto Bueno e Oswaldinho do Acordeon fazendo a abertura do VI Festival de Acordeon em São Paulo.

Roberto Bueno durante apresentação no teatro SESC Ipiranga tocando com o acordeon que pertenceu a Mário Gennari Filho, em homenagem ao mesmo e também a Mário Mascarenhas e Timóteo Garcia, grandes acordeonistas que deixaram saudades em nosso meio.

IV Encontro de Acordeonistas. No centro, Luiz Carlos Borges, Dominguinhos, Oswaldinho do Acordeon, César do Acordeon e Arthur Barion.

Encontro de acordeonistas realizado no sítio de Leonildo, na represa de Guarapiranga, em São Paulo.

Encontro de acordeonistas. No centro Sivuca, Oswaldinho do Acordeon, Ezio Swzzutuv, Toninho Ferragutti, Paolo Gandolfi, Dominguinhos, Gilda Montan e Mary

Encontro de acordeonistas em Nova Brescia, Rio Grande do Sul, realizado na praça da matriz.

BAIÃO

Luiz Gonzaga e Humberto Teixeira

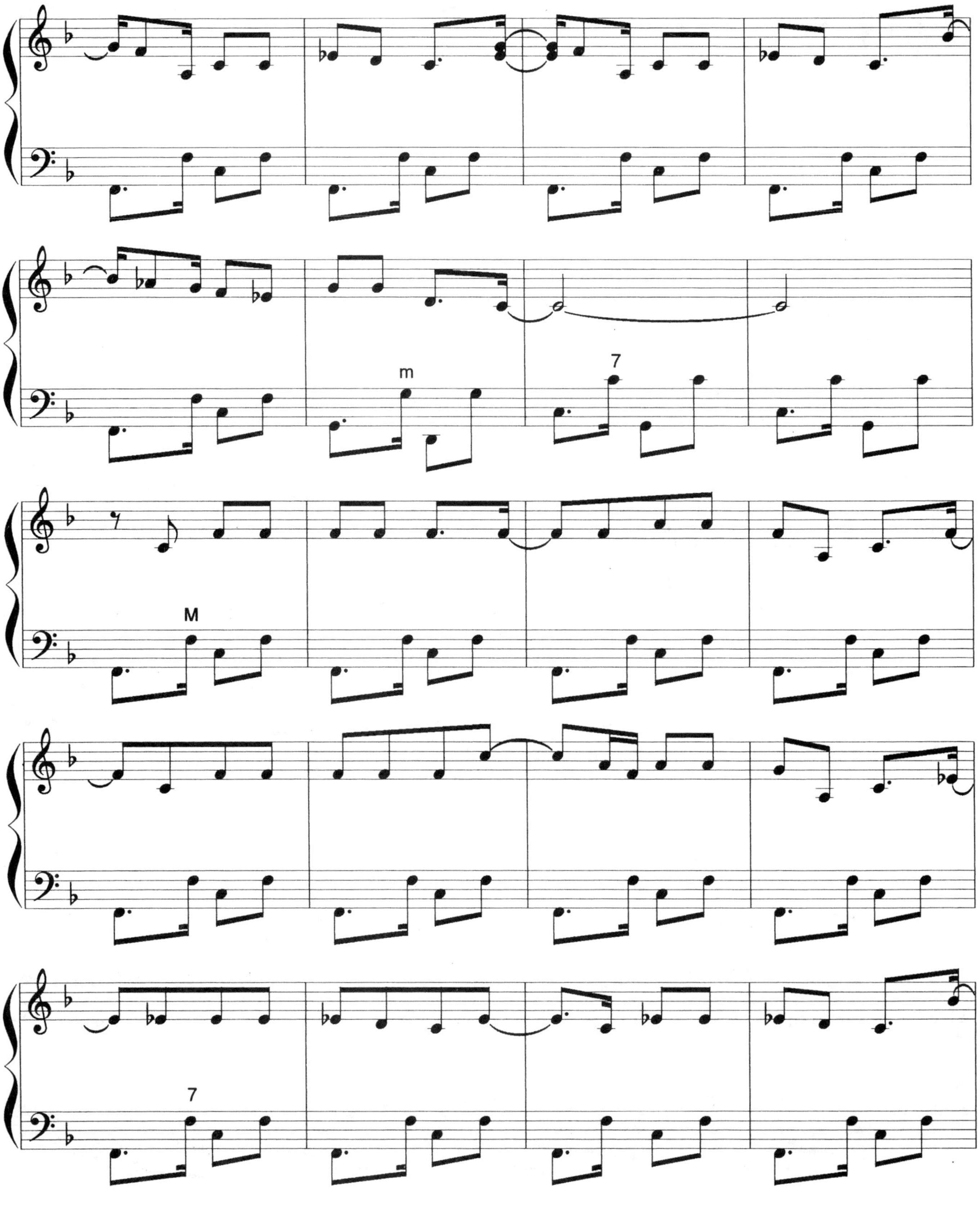
m
7
M
7

Eu vou mostrar prá vocês como se dança o baião,
E quem quiser aprender, é favor prestar atenção,
Morena chegue prá cá, bem junto ao meu coração,
Agora é só me seguir, pois eu vou dançar o baião,
Baião, que baião
Baião, oi que baião
Baião, oi que baião

Eu já dancei balancei, chamego, samba e xerém,
Mas o baião tem um quê que as outras danças não têm,
E quem quiser só dizer, pois eu com satisfação,
Vou dançar cantando o baião,
Baião, oi que baião
Baião, oi que baião
Baião, oi que baião

Eu vou mostrar prá vocês como se dança o baião,
E quem quiser aprender, é favor prestar atenção,
Morena chegue prá cá, bem junto ao meu coração,
Agora é só me seguir, pois eu vou dançar o baião,
Baião, que baião
Baião, oi que baião
Baião, oi que baião

Eu já cantei no Pará, toquei sanfona em Belém,
Cantei lá no Ceará e sei o que me convém,
Por isso eu quero afirmar com toda convicção,
Que sou doido pelo baião,
Baião, que baião
Baião, oi que baião
Baião, oi que baião

ASA BRANCA

Luiz Gonzaga e Humberto Teixeira

© Copyright 1947 by RIO MUSICAL LTDA.
Todos os direitos autorais reservados para todos os países. All rights reserved.

Quando olhei a terra ardendo
Qual fogueira de São João
Eu perguntei a Deus do céu, ai
Porque tamanha judiação
Eu perguntei a Deus do céu, ai
Porque tamanha judiação.

Que braseiro, que fornalha
Nem um pé de plantação
Por falta d'água perdi meu gado
Morreu de sede meu alazão
Por falta d'água perdi meu gado
Morreu de sede meu alazão.

Inté mesmo Asa Branca
Bateu asas do sertão
Entonce eu disse, adeus Rosinha
Guarda contigo meu coração
Entonce eu disse, adeus Rosinha
Guarda contigo meu coração.

Hoje longe muitas léguas
Numa triste solidão
Espero a chuva cair de novo
Prá eu voltar pro meu sertão
Espero a chuva cair de novo
Prá eu voltar pro meu sertão

Quando o verde dos teus olhos
Se espalhar na plantação
Eu te asseguro, não chore não, viu
Que eu voltarei, viu meu coração
Eu te asseguro, não chore não, viu
Que eu voltarei, viu meu coração.

ASSUM PRETO

Luiz Gonzaga e Humberto Teixeira

© Copyright 1948 by RIO MUSICAL LTDA.
Todos os direitos autorais reservados para todos os países. All rights reserved.

Tudo em volta é só beleza
Sol de abril e a mata em flor
Mas Assum preto, cego do zóio
Não vendo a luz ai, canta de dor
Mas Assum preto, cego do zóio
Não vendo a luz ai, canta de dor.

Talvez por ignorança
Ou maldade das pió
Furaro os zóio, do Assum preto
Pra ele assim ai, cantá mió
Furaro os aóio, Assum preto
Pra ele assim ai, cantá mió.

Assum preto véve sorto
Mas num pode avuá
Mil veiz a sina, de uma gaiola
Desde que o céu ai, pudesse oiá
Mil veiz a sina, de uma gaiola
Desde que o céu ai, pudesse oiá.

Assum preto meu cantar
É tão triste como o teu
Também robaro o meu amô
Que era a luz ai, dos zóios meus
Também robaro o meu amô
Que era a luz ai, dos zóios meus.

A VIDA DO VIAJANTE

Luiz Gonzaga e Hervé Cordovil

Minha vida é andar por este país,
Pra ver se um dia descanso feliz,
Guardando as recordações,
Das terras onde passei,
Andando pelos sertões
E dos amigos que lá deixei
Chuva, sol, poeira e carvão
Longe de casa sigo o roteiro
Mais uma estação
E alegria no coração

Minha vida é andar por este país,
Pra ver se um dia descanso feliz,
Guardando as recordações,
Das terras onde passei,
Andando pelos sertões
E dos amigos que lá deixei
Mar e terra, inverno e verão
Mostro sorriso, mostro alegria
Mas por dentro não
E a saudade no coração.

CINTURA FINA

Luiz Gonzaga e ZéDantas

Minha morena venha prá cá
Prá dançar xote se deite em meu cangote e pode cochilar
Tu és muié prá home nenhum, botá defeito
Por isso satisfeito com você vou dançar.

REFRÃO:

Vem cá cintura fina, cintura de pilão
Cintura de menina, vem cá meu coração
Vem cá cintura fina, cintura de pilão
Cintura de menina, vem cá meu coração

Quando eu abarço essa cintura de pilão
Fico frio, arrepiado, quase morto de paixão
E fecho os óio quando sinto teu calor
Pois teu corpo só foi feito pros cochilo do amor

REFRÃO:

DEZESSETE E SETECENTOS

Luiz Gonzaga e Miguel Lima

Eu lhe dei vinte mil réis prá pagar três e trezentos
Você tem que me voltar dezessete e setecentos
Dezesseis e setecentos, dezessete e setecentos
Eu lhe dei vinte mil réis prá pagar três e tezentos
Você tem que me voltar dezessete e setecentos
Dezesseis e setecentos, dezessete e setecentos

Sou diplomado, frequentei academia
Conheço geografia, sei até multiplicar
Dei vinte mangos prá pagar três e trezentos
Dezessete e setecentos você tem que me voltar
É dezessete e setecentos, dezesseis e setecentos
É dezessete e setecentos, dezesseis e setecentos.

BOIADEIRO

Armando Cavalcante e Klécius Caldas

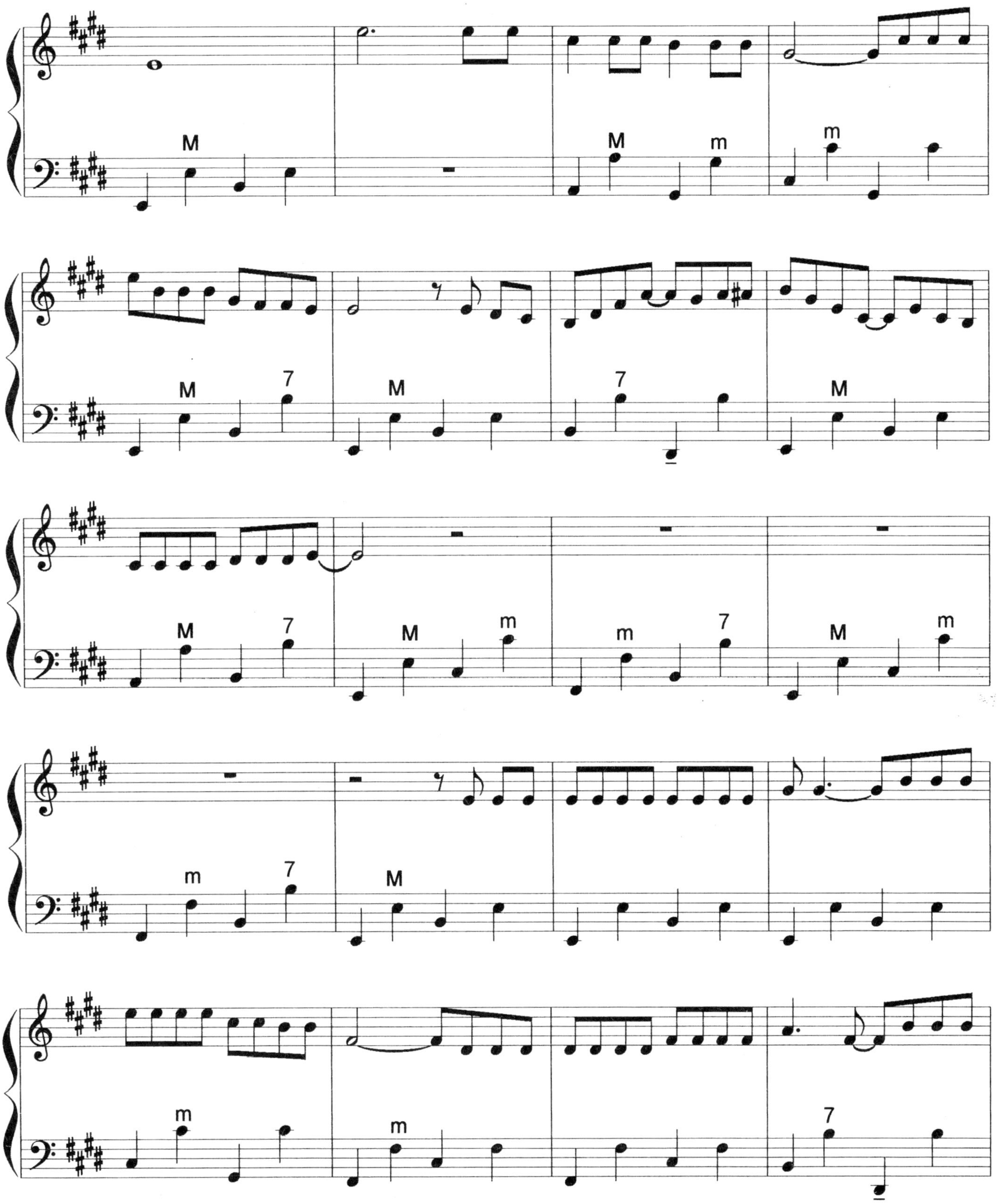
M
M
m
m
M
7
M
7
M
M
7
M
m
m
7
M
m
m
7
M
m
m
7

Vai boiadeiro que a noite já vem
Pegue o teu gado e vá pra junto de teu bem
De manhãzinha quando eu sigo pela estrada
Minha boiada pra invernada vou levar
São dez cabeça é muito pouco, é quase nada
Mas não tem outras mais bonitas no lugar
Vai boiadeiro que o dia já vem
Leve o teu gado e vai pensando no teu bem

De tardezinha quando eu venho pela estrada
A fiarada tá todinha a me esperar
São dez filhinhos é muito pouco, é quase nada
Mas não tem outros mais bonitos no lugar
Vai boiadeiro que e tarde já vem
Pegue o teu gado e vai pensando no teu bem

E quando eu chego na cancela da morada
Minha Rosinha vem correndo me abraçar
É pequenina, é muidinha, é quase nada
Mas não tem outra mais bonita no lugar
Vai boiadeiro que a noite já vem
Guarde o teu gado e vai pra junto do teu bem
Vai boiadeiro que a noite já vem
Guarde o teu gado e vai pra junto do teu bem.

JUAZEIRO

Luiz Gonzaga e Humberto Teixeira

© Copyright 1948 by RIO MUSICAL LTDA.
Todos os direitos autorais reservados para todos os países. All rights reserved.

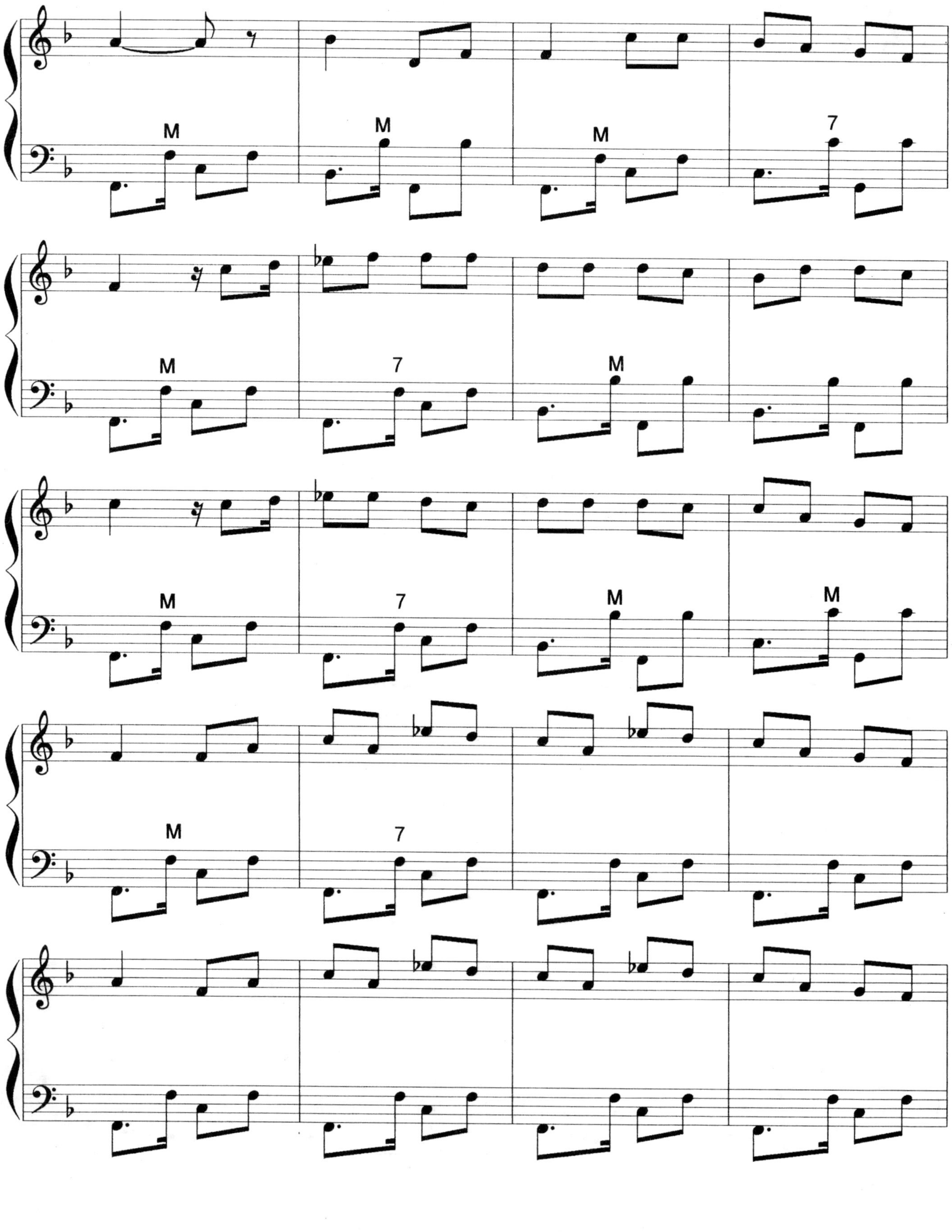
M M M 7
M 7 M
M 7 M M
M 7

Juazeiro, juazeiro, me arresponda por favor,
Juazeiro velho amigo, onde anda o meu amor,
Ai, juazeiro
Ela nunca mais voltou,
Viu, juazeiro
Onde anda o meu amor?

Juazeiro não te alembra
Quando o nosso amor nasceu
Toda tarde à tua sombra conversava ela e eu
Ai, juazeiro
Como dói a minha dor
Viu, juazeiro
Onde anda o meu amor?

Juazeiro seje franco, ela tem um novo amor
Se não tem porque tu choras, solidário a minha dor
Ai, juazeiro
Não me deixe assim roer
Ai, juazeiro
Tô cansado de sofrer

Juazeiro, meu destino tá ligado junto ao teu
No teu tronco tem dois nomes, ela mesmo é que escreveu
Ai, juazeiro
Eu num guento mais roer
Ai, juazeiro
Eu prefiro até morrer
Ai juazeiro, ai juazeiro, ai juazeiro.

OLHA PRO CÉU

Luiz Gonzaga e José Fernandes

41

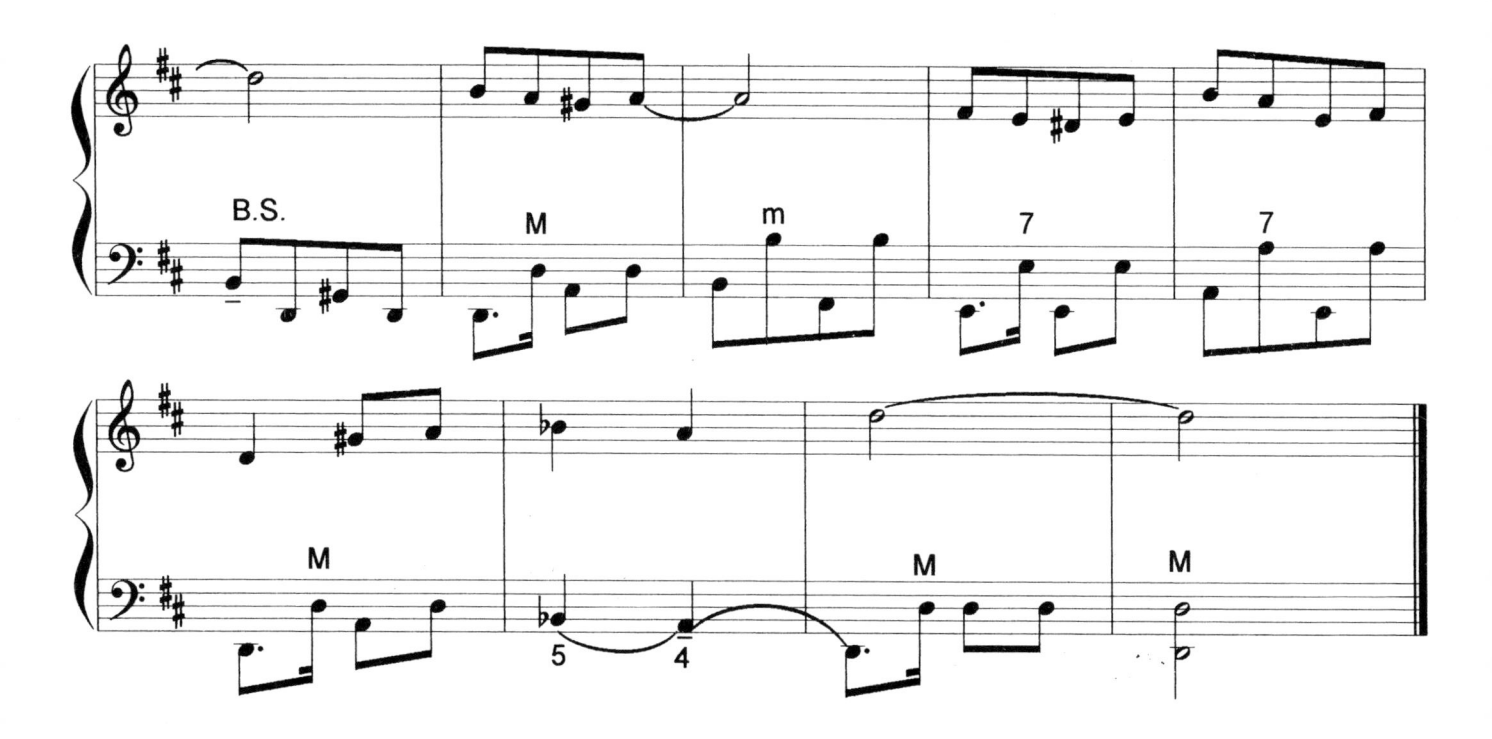

Olha pro céu meu amor
Vê como ele está lindo
Olha pr'aquele balão multicor
Como no céu vai sumindo

Foi numa noite igual a esta
Que tu me deste o coração
O céu estava assim em festa
Porque era noite de São João
Havia balões no ar
Xote e baião no salão
E no terreiro e teu olhar
Que incendiou meu coração

Olha pro céu meu amor
Vê como ele está lindo
Olha pr'aquele balão multicor
Como no céu vai sumindo.

O XOTE DAS MENINAS

Luiz Gonzaga e ZéDantas

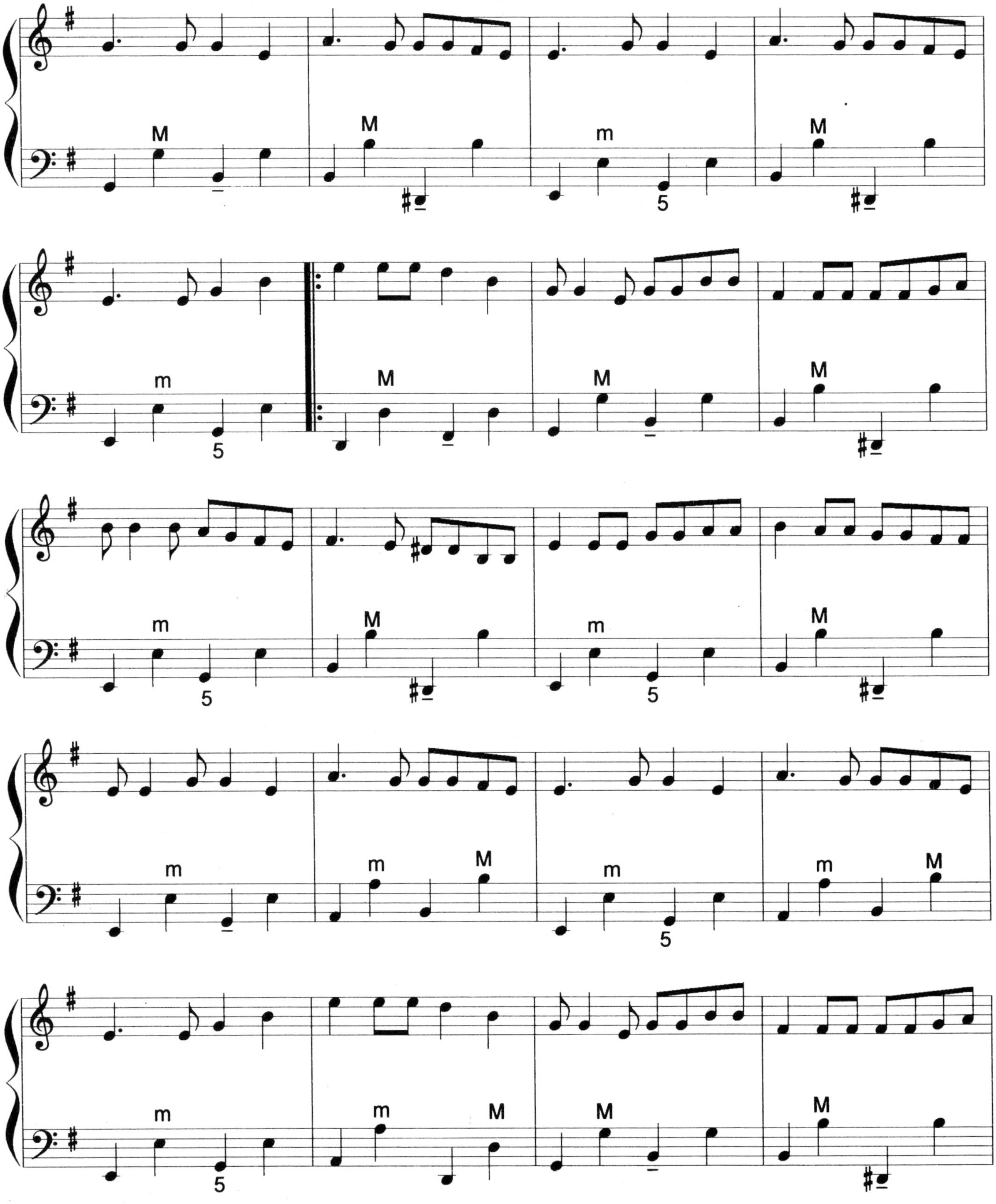

Mandacaru quando fulora lá na seca
É o sinal que a chuva chega no sertão
Toda menina que enjoa da boneca
É sinal que o amor já chegou ao coração
Meia comprida, não quer mais sapato baixo
Vestido bem cintado, não quer mais vestir timão
Ela só quer, só pensa em namorar
Ela só quer, só pensa em namorar
De manhã cedo já tá pintada
Só vive suspirando, sonhando acordada
O pai leva ao doutor, a filha adoentada
Não come, nem estuda, não dorme nem quer nada
Ela só quer, só pensa em namorar
Ela só quer, só pensa em namorar
Mas o doutor nem examina
Chamando o pai de lado, lhe diz logo em surdina
Que o mal é da idade, que pra tal menina
Não tem um só remédio em toda a medicina
Ela só quer, só pensa em namorar
Ela só quer, só pensa em namorar.

SÃO JOÃO NA ROÇA

Luiz Gonzaga e Zé Dantas

A fogueira tá queimando
Em homenagem a São João
O forró já começou
Vamos gente rapapé nesse salão

Dança Joaquim com Zabé
Luiz com Yayá
Dança Janjão com Raqué
E eu com Sinhá
Traz a cachaça Mané
Eu quero ver
Quero ver páia avuá.

QUI NEM GILÓ

Luiz Gonzaga e Humberto Teixeira

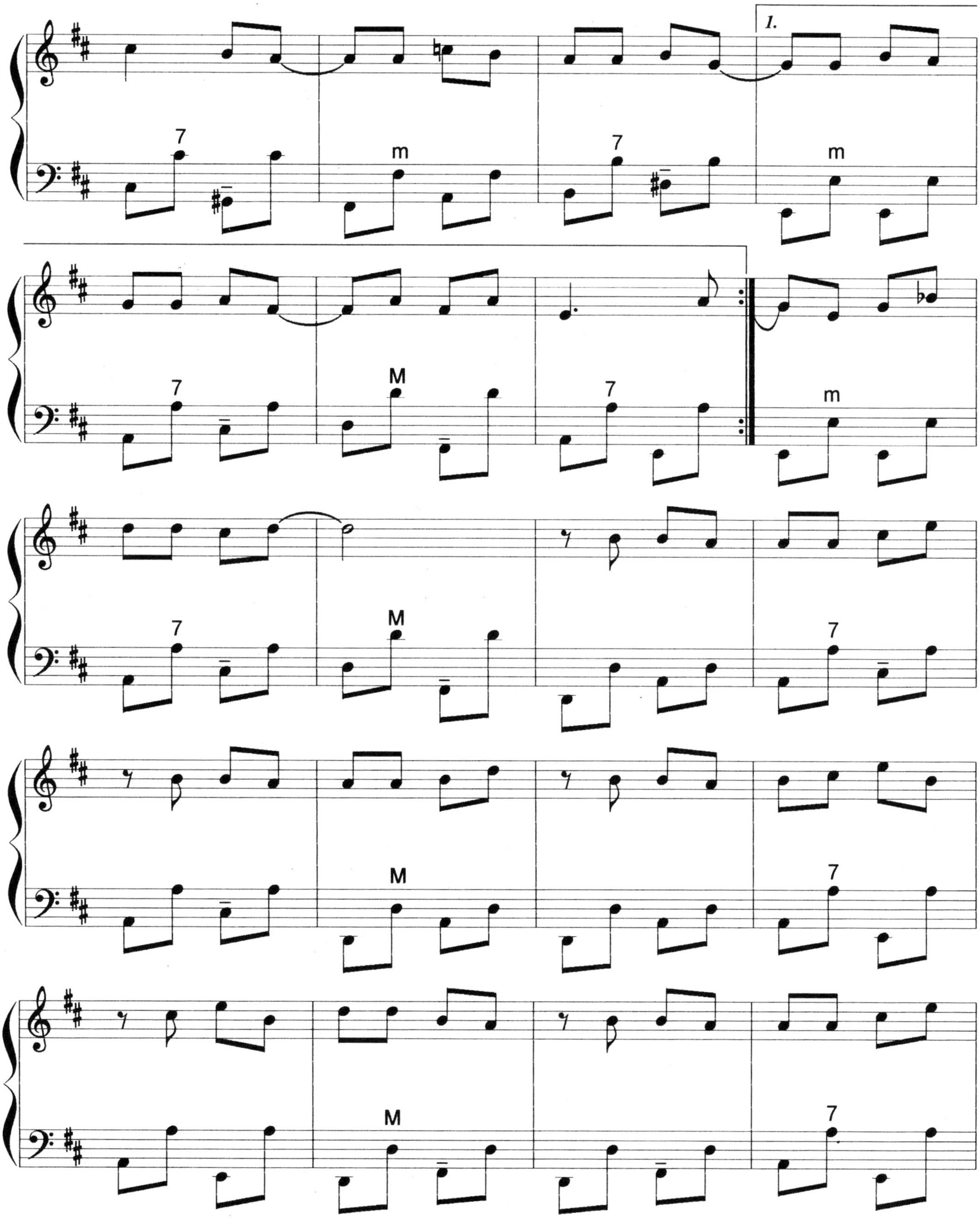

Se a gente lembra só por lembrar
Do amor que a gente um dia perdeu
Saudade até que assim é bom
Pro cabra se convencer
Que é feliz sem saber
Pois não sofreu
Porém se a gente vive a sonhar
Com alguém que se deseja rever
Saudade então aí é ruim
Eu tiro isso por mim
Que vivo doido a sofrer
Ai quem me dera voltar
Pros braços do meu xodó
Saudade assim faz roer
E amarga qui nem jiló
Mas ninguém pode dizer
Que me viu triste a chorar
Saudade, o meu remédio é cantar
Saudade, o meu remédio é cantar.

Impresso por:

Graphium
Gráfica e editora